BEI GRIN MACHT SICH IHR WISSEN BEZAHLT

- Wir veröffentlichen Ihre Hausarbeit,
  Bachelor- und Masterarbeit

- Ihr eigenes eBook und Buch -
  weltweit in allen wichtigen Shops

- Verdienen Sie an jedem Verkauf

Jetzt bei www.GRIN.com hochladen
und kostenlos publizieren

Bibliografische Information der Deutschen Nationalbibliothek:

Die Deutsche Bibliothek verzeichnet diese Publikation in der Deutschen National-
bibliografie; detaillierte bibliografische Daten sind im Internet über http://dnb.d-
nb.de/ abrufbar.

Impressum:

Copyright © 2018 GRIN Verlag
Druck und Bindung: Books on Demand GmbH, Norderstedt Germany
ISBN: 9783668822887

Dieses Buch bei GRIN:

https://www.grin.com/document/445214

Anna Eberle

Trainingsplanung für ein Krafttraining

GRIN Verlag

Deutsche Hochschule für
Prävention und Gesundheitsmanagement
Hermann Neuberger Sportschule 3
66123 Saarbrücken

Einsendeaufgabe

Fachmodul: Trainingslehre I

Studiengang: Gesundheitsmanagement

**Datum
Präsenzphase:** 11.06. – 14.06.2018

Name, Vorname: Eberle, Anna

Studienort: Stuttgart

Semester: WS 17

Inhaltsverzeichnis

1 DIAGNOSE 4

1.1 Allgemeine und biometrische Daten 4

   1.1.1 Bewertung des Blutdrucks 4

   1.1.2 Bewertung des allgemeinen Gesundheitszustandes 5

1.2 Krafttestung 5

   1.2.1 Begründung der Auswahl des Testverfahrens 5

   1.2.2 Testablauf 5

   1.2.3 Testergebnisse 6

   1.2.4 Schlussfolgerung bzw. Konsequenzen für die weitere Trainingssteuerung und

Trainingsplanung 6

2 ZIELSETZUNG/PROGNOSE 7

3 TRAININGSPLANUNG MAKROZYKLUS 8

3.1 Makrozyklusdarstellung 8

3.2 Begründung der Trainingsmethoden 9

3.3 Begründung der Belastungsparameter 9

3.4 Begründung der Organisationsform(en) 11

3.5 Begründung der Periodisierung 11

4 TRAININGSPLANUNG MESOZYKLUS 12

4.1 Mesozyklusdarstellung 12

4.2 Begründung der Übungsauswahl 12

4.3 Begründung der einzelnen Übungen 13

   4.3.1 Die Beinpresse 13

   4.3.2 Die Hüftabduktionsmaschine / Hüftadduktionsmaschine 13

   4.3.3 Der Butterfly 13

   4.3.4 Der Latzug 13

   4.3.5 Der Rückenstecker 14

   4.3.6 Die Rumpfflexion / Rotationsmaschine 14

5   LITERATURRECHERCHE 14

6   LITERATURVERZEICHNIS 16

7   TABELLENVERZEICHNIS 18

7.1   Tabellenverzeichnis 18

1 Diagnose

1.1 Allgemeine und biometrische Daten

Tab. 1: Datensammlung zur Person (eigene Darstellung)

Allgemeine Daten	
Alter	21
Geschlecht	weiblich
Körpergröße	168 cm
Körpergewicht	53,6 kg
Körperfettanteil	21,0 % (11,3 kg)
Muskelmasseanteil	75 % (40,2 kg)
Trainingsmotive	Gewichtszunahme Körperformung/Körperstraffung Allgemeine Fitness verbessern
berufliche Tätigkeit	Duale Studentin
aktuelle sportliche Aktivität	Seit 3 Monaten (1-2x pro Woche) Krafttraining ohne systematische Trainingsplanung, 1x die Woche schwimmen
frühere sportliche Aktivität	Sportakrobatik mit 6 Jahren (2 Jahre lang) Hin und wieder Krafttraining
zeitlicher Verfügungsrahmen	2-3 x die Woche 1,5-2 Stunden
Biometrische Daten	
Blutdruck	110/71 mmHg
Allgemeiner Gesundheitszustand	
orthopädische Probleme	Keine
internistische Probleme	Keine
ärztliche Behandlung	Keine
Einnahme von Medikamenten	Keine
gesundheitliche Einschränkungen	Keine

1.1.1 Bewertung des Blutdrucks

Der Blutdruck wurde mittels eines elektronischen Blutdruckmessgerätes erfasst. Der Blutdruckklassifikation nach Mancia et al. (2013) liegt sowohl der systolische Druck mit 110 mmHg wie auch der diastolische Druck mit 71 mmHg im optimalen Bereich.

Tab. 2: Blutdruckklassifikation (modifiziert nach Manica et al. 2013)

Blutdruckkategorie	Systolisch (mmHg)	Diastolisch (mmHg)
Optimal	<120	<80
Normal	120-129	80-84
Hochnormal	130-139	85-89
Hypertonie (Schweregrad 1)	140-159	90-99
Hypertonie (Schweregrad 2)	160-179	100-109
Hypertonie (Schweregrad 3)	≥180	≥110
Isolierte systolische Hypertonie	≥140	<90

1.1.2 Bewertung des allgemeinen Gesundheitszustandes

Da bei der Person keine orthopädischen und internistischen Probleme bestehen, keine ärztliche Behandlung im Gange ist, keine gesundheitlichen Einschränkungen vorliegen und auch keine Einnahme von Medikamenten stattfindet ist sie im Hinblick auf die Belastbarkeit bzw. Trainierbarkeit voll belastbar und trainierfähig. Der allgemeine Gesundheitszustand bietet so eine gute Basis für den Einstieg in ein gesundheitsorientiertes Krafttraining.

1.2 Krafttestung

1.2.1 Begründung der Auswahl des Testverfahrens

Für die Person wurde für die Krafttestung ein Mehrwiederholungskrafttest (X-RM-Test) ausgewählt. Da das Ziel des X-RM-Tests die Ermittlung des maximal zu stemmenden Gewichtes für eine vorher bestimmte Wiederholungszahl ist, lässt sich diese Methode leicht für die folgende Trainingsplanung nutzen, unabhängig vom Trainingsziel des Sportlers. Man ermittelt vor bzw. nach allen weiteren Mesozyklen jeweils das Gewicht für die Wiederholungszahl, mit der auch tatsächlich trainiert werden soll. Zudem ist dieser Test in diesem Fall geeignet da es sich um einen Anfänger handelt, der nur wenig Erfahrung mit sich bringt. Es kommt zu keiner Überlastung wie vermutlich bei anderen Testverfahren beispielsweise dem Maximalkrafttest (1-RM-Test).

1.2.2 Testablauf

Der erste Schritt der Durchführung eines X-RM-Tests ist das allgemeine Aufwärmen um die Körpertemperatur zu erhöhen. Eine Möglichkeit hier wäre die Aufwärmung auf dem Crosstrainer von acht bis zehn Minuten. Dies führt jedoch nicht zu einer ausreichenden Erwärmung von Muskelgruppen und Gelenken, die im weiteren Verlauf belastet werden sollen. Um diese zu aktivieren ist ein spezielles Aufwärmen von Nöten, indem man mit wenig Gewicht ein bis zwei Sätze mit einer durchschnittlichen Wiederholungszahl durchführt. Dies führt zum einen nicht nur zur Aufwärmung der Muskeln und Gelenke, sondern auch zur Einprägung der Bewegungsabläufe der Übungen. Die progressive Steigerung der Intensität und die regressive Minderung der Wiederholungen hat sich in den Testsätzen positiv gezeigt. Ist die Aufwärmung abgeschlossen kommt es zum ersten richtigen Testsatz der ersten Übung. Ein Gewicht wird vom Trainierendem abgeschätzt, der Trainer sollte darauf achten, dass bei einer hohen Motivation nicht zu viel Gewicht genommen wird um eine Überlastung zu vermeiden. Für den Test wird eine Wiederholungszahl von zwanzig definiert. Das Testgewicht wird erreicht, wenn die letzte angegebene Wiederholung gerade noch mit einer schönen Ausführung durchgeführt werden kann. Steht nach dem ersten Satz kein Ergebnis fest, kann ein zweiter und dritter Testsatz nach einer Pause von jeweils drei Minuten absolviert werden. Die Steigerung der Intensität zwischen den einzelnen Sätzen sollte je nach subjektivem Belastungsempfinden des Sportlers um 5 %, 10 % oder 25 % gesteigert werden.

Dieser Test wird nun zu allen benötigten Übungen durchgeführt um mit dem vierten Schritt starten zu können, der Umsetzung der Testergebnisse in die Trainingsplanung.

1.2.3 Testergebnisse

Tab. 3: Mehrwiederholungskrafttest (eigene Darstellung)

Mehrwiederholungskrafttest (X-RM-Test)					
Übung	Wdh.	1. Testsatz	2. Testsatz	3. Testsatz	Er-gebnis
Beinpresse horizontal	20	80 kg / 25 Wdh.	85 kg / 22 Wdh.	90 kg / 20 Wdh.	90 kg
Hüftabduktionsmaschine	20	18 kg / 20 Wdh.	-	-	18 kg
Hüftadduktionsmaschine	20	14 kg / 23 Wdh.	18 kg / 20 Wdh.	-	18 kg
Butterfly	20	30 kg / 25 Wdh.	40 kg / 20 Wdh.		40 kg
Latziehen zur Brust	20	50 kg / 20 Wdh.	-	-	50 kg
Rückenstrecker	20	40 kg / 24 Wdh.	45 kg / 22 Wdh.	50 kg / 20 Wdh.	50 kg
Rumpfflexion an der Maschine	20	40 kg / 23 Wdh.	50 kg / 20 Wdh.	-	50 kg
Rotationsmaschine	20	30 kg / 30 Wdh.	40 kg / 20 Wdh.	-	40 kg

Wdh. = Wiederholungszahl

1.2.4 Schlussfolgerung bzw. Konsequenzen für die weitere Trainingssteuerung und Trainingsplanung

Für die weitere Trainingssteuerung und Trainingsplanung können aus den Testergebnissen aus Tab. 3 folgende Schlussfolgerungen und Konsequenzen gezogen werden:

Durch die Testergebnisse können Referenzwerte festgelegt werden indem man den maximal erreichten Kraftwert als hundertprozentige Maße festlegt. Anhand von verschiedenen Krafttrainingsmethoden wie in diesem Fall die Individuelle-Leistungsbild-Methode können die verschiedenen Intensitäten der Belastungen prozentual berechnet werden, welche später im Training durch das entsprechende Gewicht ersetzt werden.

Ein Norm- bzw. Referenzwertvergleich ist nur bei konsequenter und exakter Standardisierung des gesamten Tests möglich. Sprich, jeder Testablauf und jede Testmethodik muss exakt geplant und durchgeführt werden. Ist dies nicht der Fall, kann es zu hohen Abweichungen durch einige Einflussfaktoren kommen.

Eine Dokumentation der Leistungsentwicklung der einzelnen Sportler ist jedoch ohne Probleme möglich. Durch die vielen Krafttests vor bzw. nach den einzelnen Mesozyklen können für einzelne Übungen Kraftsteigerungen durch prozentuale Angaben errechnet werden, welche zusätzlich bei positiver Veränderung zu einer höheren Motivation führen.

2 Zielsetzung/Prognose

Tab. 4: Zielsetzung (eigene Darstellung)

Ziel	Inhalt	Ausmaß	Zeit
Gewichtszunahme	Aufbau von Muskelmasse	Muskelmasse um 2 kg steigern	16 Wochen
Allgemeine Fitness verbessern	Kraftsteigerung	Kraftsteigerung um 10 % an der Beinpresse & Rumpfflexionsmaschine	16 Wochen
Körperformung	Körperfettreduktion	Körperfettreduktion um 750 g	6 Wochen

Für die Person wurden zwei biometrische Ziele wie der Aufbau von Muskelmasse und die Reduktion des Körperfettanteils und ein sportmotorisches Ziel ausgewählt, die Kraftsteigerung bei bestimmten Übungen.

Ein Trainingsmotiv der Person ist die Gewichtszunahme, welche sich mit dem Wunsch nach mehr Muskeln geäußert hat. Hierfür wurde ein Ausmaß von zwei Kilogramm in sechszehn Wochen festgelegt, da bei normalen Verhältnissen ein Zuwachs von fünf bis acht Kilogramm im ersten Trainingsjahr als Richtwert angegeben sind, scheint dies realistisch zu klingen, gelichzeitig wird für die Kundin ein nicht zu hoher Meilenstein gesetzt. Ist im gleichen Trainingsplan auch der Wunsch auf eine Körperfettreduktion vorhanden, ist es sinnvoll den Aufbau der Muskelmasse als primäres Ziel zu definieren. Aufgrund des höheren Verbrennungswert von Kalorien der Muskeln gelingt die Reduktion von Körperfett im Nachhinein besser.

Als zweites Ziel wurde die Verbesserung der allgemeinen Fitness festgelegt, welches beispielsweise durch einen prozentualen Kraftzuwachs nachgewiesen werden kann. Die Person soll innerhalb von sechszehn Wochen einen Kraftzuwachs von jeweils zehn Prozent bei den Übungen „Beinpressen" und „Rumpfflexion" nachweisen können. Durchschnittlich konnten Beginner eine Kraftsteigerung um rund 20 % erzielen (Strack, A. & Eifler, C., 2005, S. 158). Durch diese Kraftsteigerung soll dem Sportler bewusst gemacht werden, das Krafttraining viel zur allgemeinen Fitness beiträgt.

Als letztes Ziel wurde die Körperfettreduktion von 750g in sechs Wochen festgelegt. Realistisch ist eine Reduktion um 250-500g pro Woche. Hier wurde das Ausmaß nicht ganz so hoch definiert, da das Trainingsmotiv primäre die Körperformung und nicht die Reduktion von Körperfett ist. Mit einem Wert von 21 % Körperfettanteil, welcher 11,3 kg entspricht, liegt die Person im optimalen Bereich. Durch die geringe Reduktion soll die aufgebaute Muskulatur hervorgehoben werden.

3 Trainingsplanung Makrozyklus

3.1 Makrozyklusdarstellung

Tab. 5: Makrozyklus über 6 Monate (eigene Darstellung)

	Mesozyklus 1	Mesozyklus 2	Mesozyklus 3	Mesozyklus 4
Zyklusdauer	6 Wochen	6 Wochen	6 Wochen	6 Wochen
Spezifisches Trainingsziel	Kraftausdauer	Übergangstraining	MAT (extensiv)	MAT (intensiv)
Organisationsform	GK/Circle	GK/Circle	GK/Station	GK/Station
Häufigkeit/ Woche	2-3	2-3	2-3	2-3
Übungen/ Muskel	1-2	1-2	1-2	1-2
Sätze/ Übung	2	2	2	2
Intensität	50-70 % *	50-70 % *	50-70 % *	50-70 % *
Bewegungstempo	2 / 0 / 2	2 / 0 / 2	2 / 0 / 2	2 / 0 / 2
Wiederholungen	15-20	12-15	8-12	6-8
Satzpausen	60 Sekunden	60 Sekunden	60–90 Sekunden	60-90 Sekunden

MAT = Muskelaufbautraining
GK = Ganzkörpertraining
Station = Stationstraining
Circle = Kreistraining
*50-70 % des maximalen Gewichtes für die X-RM jeweilige Wiederholungszahl des Mesozyklus (ermittelt mit dem ILB-Test)

3.2 Begründung der Trainingsmethoden

Die ausgewählte Trainingsmethode für den Makrozyklus orientiert sich auf der Basis des X-RM nach dem deduktiven Ansatz der ILB (Individuelle-Leistungsbild-Methode). Nach dieser Methode werden die Intensitäten der Belastung und auch die Übungsauswahl an die jeweilige Leistungsvoraussetzung der Trainierenden angepasst, hier Trainingsbeginner. Da, nach jedem Mesozyklus ein erneuter Test des X-RM durchgeführt wird, bleibt die prozentuale Intensität, unabhängig vom Trainingsziel gleich. Für einen Trainingsbeginner ist nach der ILB-Methode ein Wert von 50-70% mit progressiver Steigerung (individuell je nach Trainingseinheit oder Woche) angesetzt. In einer Studie von Strack & Eifler (2005, S.158) konnte bei einer Beginnergruppe, die nach dieser Methode trainierte ein hoher Kraftzuwachs gemessen werden. Da die Person in diese Kategorie der „Beginner" fällt ist eine positive Veränderung bei Durchsetzung dieser Methode zu erwarten. Zudem werden keine Überbelastungen durch eine zu hohe Intensität eingeschleust. Der Makrozyklus startet im Mesozyklus eins und zwei mit einem umfangsorientierten Training von jeweils sechs Wochen welches den Trainierenden auf höhere Belastungsintensitäten vorbereiten soll. Das spezifische Trainingsziel von Mesozyklus eins und zwei bezieht sich auf die Kraftausdauer, primär um eine Vergrößerung der intramuskulären Energiespeicher, einer Kapillarisierung oder auch die Verbesserung der intermuskulären Koordination (Fröhlich, M., 2014, S. 8). Mesozyklus zwei wurde als ein Übergangstraining eingeplant, in diesem die Intensität nach einem erneuten Test bestimmt wird, wie auch die Wiederholungszahl abnimmt, um sich auf die abschließende Hypertrophietrainingsphase anzupassen. Im Mesozyklus drei und vier welche intensitätsorientiert sind, starten ebenfalls jeweils mit einer Dauer von sechs Wochen. Hier bezieht sich das Trainingsziel wie schon oben erwähnt auf ein Hypertrophietraining. Primäre Ziele hier sind nach Fröhlich, M. (2014, S. 8) die Steigerung der Muskelmasse, strukturelle Veränderung der Muskelfasern sowie die Steigerung der Maximalkraft. Auch hier wird die ausgewählte Person eine progressive Steigerung der Intensität aufnehmen und auch wieder im Verlauf der Phase die Wiederholungszahlen senken.

3.3 Begründung der Belastungsparameter

Den Belastungsparameter entsprechend wurden für die Belastungshäufigkeit zwei bis drei Einheiten pro Woche vorgesehen. Es wurde sich für diese Häufigkeit entschieden, da Wirth, K., Atzor, K. R., & Schmidtbleicher, D. (2007, S.180) nach einer Untersuchung bei zwei und drei Trainingseinheiten pro Woche einen höheren Muskelvolumenzuwachs als bei einer Trainingseinheit pro Woche feststellen konnten. Ein weiterer Grund wäre die längere Regenerationszeit nach einem Ganzkörpertraining. Kommt es nach einer ausreichend hohen Belastung zur Ermüdung der Muskeln, muss sich der Körper von dieser erst wieder regenerieren. Ist dies der Fall, kam es zu einer Superkompensation, eine Adaption des Körpers hat stattgefunden und somit die Erhöhung der Leistungsfähigkeit über das Ausgangsniveau hinaus (Tschakert, G., Müller, A. & Hofmann, P., 2017, S.250). Durch diese Planung im Makrozyklus ist die ausreichende Regenerationszeit der Person gegeben.

Für den gesamten Makrozyklus wurde eine Intensität von 50-70 % nach der ILB festgelegt. Nach der ILB-Methode gibt es ein sogenanntes Grobraster, durch dieses die Belastungsparameter abgeleitet werden (siehe Tab. 6).

Tab. 6: Grobraster zur Ableitung der Belastungsparameter nach der ILB-Methode (modifiziert nach Strack & Eifler, 2005, S. 153)

Leistungsstufe	Zeitstufe (Monate)	Organisationsform	Einheiten/ Woche	Übungen/ Muskel	Sätze/ Übung	Intensität in % ILB
Orientierungsstufe	0-1,5	Ganzkörper	2	1-2	1-2	gering
Beginner	1,5-6	Ganzkörper	2	1-2	1-2	50-70
Geübter	6-12	Ganzkörper	2-3	1-2	2	60-80
Fortgeschrittener	>12	Ganzkörper / Split	3-4	1-3	2-3	70-90
Leistungstrainierender	>36	Ganzkörper / Split	3-6	1-3	2-4	80-100

Eine große Rolle spielt hier das Trainingsalter der ausgewählten Person. Mit einer Trainingserfahrung von drei Monaten liegt sie in der Leistungsstufe der Beginner. Für diese Leistungsstufe ist eine Intensität wie Sie der Tab. 6 entnehmen können von 50-70% des maximalen X-RM Wertes. Wie oben erwähnt konnten Strack & Eifler (2005, S.158) zeigen, dass diese im Gegensatz zu „Fortgeschrittenen" geringe Intensität für eine Leistungsstufe der Beginner völlig ausreicht.

Im Makrozyklus wurde ein Mehrsatztraining von zwei Sätzen pro Übung ausgewählt, da Fröhlich, M., Emrich, E. & Schmidtbleicher, D. (2010) festlegen konnten das sich ein Mehrsatztraining auf längere Dauer mehr bewehrt. Auch Krieger, J.W. (2009) konnte feststellen das zwei bis drei Sätze pro Übung mit einem größeren Kraftgewinn verbunden sind als ein Einsatztraining. Zudem wurde für die Person ein Ganzkörpertraining ausgewählt welches bei Beginner mit sechs bis acht Übungen ausgelegt sein sollte (Fröhlich, M., 2014). Auch nicht vergessen werden darf, dass Anfänger mit einer Intensität von 50-70 % trainieren, wobei ein Mehrsatztraining von zwei Sätzen pro Übung, bei acht Übungen gesamt zu keiner Überlastung führen sollte.

3.4 Begründung der Organisationsform(en)

Die Organisationsform für Mesozyklus eins und zwei wurde als Kreistraining gewählt. Durch ein Kreistraining wird zum einen beim umfangsorientiertem Training die Zeitdauer durch die ausfallenden Pausen zwischen einzelnen Übungen geringer gehalten, zum anderen können dadurch kardiovaskuläre Reaktionen wie Blutdruck, Herzfrequenz und Schlafvolumen verstärkt werden (Fröhlich, M., 2014, S.10-11). Für Mesozyklus drei und vier wurde ein Stationstraining gewählt. In diesen Zyklen hat sich die Intensität durch den neuen X-RM Test angepasst wie auch die Wiederholungen regressiv gesunken sind. Das Stationstraining soll hier unterstützen, da sie „auf die eigentliche Verbesserung der verschiedenen Kraftmanifestationen per se abzielt" (Fröhlich, M., 2014, S. 10-11).

3.5 Begründung der Periodisierung

Für den Makrozyklus in Tab.5 wurde eine klassische Form der linearen Blockperiodisierung ausgewählt. Merkmale dieser Periodisierung sind die über einen Makrozyklus progressiv steigenden Intensitäten und gleichzeitig regressiv abnehmenden Wiederholungen (Kraemer & Fleck, 2007, S.6). Durch diese Steigerung von Zeit zu Zeit ist diese Periodisierung für die ausgewählte Person am besten geeignet. Sie kann sich durch das zuerst umfangsorientierte Krafttraining an die höheren Intensitäten gewöhnen um somit ohne Probleme und ohne zu hoher Belastung in das intensitätsorientierte Krafttraining einarbeiten mit dem Ziel des Muskelaufbaus. Auf ein Maximalkrafttraining wird hier verzichtet, aufgrund der geringen Leistungsstufe der Trainierenden. Fröhlich, M., Linkes, L. & Pieter, A. (2012) konnten durch Untersuchungen zeigen, dass die Verwendung von Periodisierungsmaßnahmen größere Effekte und geringere Regenerationszeiten in Bezug auf die Kraftsteigerung hervorrufen.

4 Trainingsplanung Mesozyklus

4.1 Mesozyklusdarstellung

Tab. 7: Mesozyklus 1 über 6 Wochen (eigene Darstellung)

Übungsauswahl	Beinpresse horizontal	Hüftabduktionsmaschine	Hüftadduktionsmaschine	Butterfly	Latziehen zur Brust	Rückenstrecker	Rumpfflexion an der Maschine	Rotationsmaschine
Spezifisches Trainingsziel	KA	KA	KA	KA	KA	KA	KA	KA
Einheit / Woche	2-3	2-3	2-3	2-3	2-3	2-3	2-3	2-3
Übung / Muskel	1-2	1-2	1-2	1-2	1-2	1-2	1-2	1-2
Sätze / Übung	2	2	2	2	2	2	2	2
Satzpause	60 sek.	60 sek.	60 sek.	60 sek.	60 sek.	60 sek.	60 sek.	60 sek.
Wiederholungen	15-20*	15-20*	15-20*	15-20*	15-20*	15-20*	15-20*	15-20*
Bewegungstempo	2/0/2	2/0/2	2/0/2	2/0/2	2/0/2	2/0/2	2/0/2	2/0/2
Organisationsform	GK/C	GK/C	GK/C	GK/C	GK/C	GK/C	GK/C	GK/C
Woche 1 50 % ILB	45kg**	9kg**	9kg**	20kg**	25kg**	25kg**	25kg**	20kg*
Woche 2 50 % ILB	45kg**	9kg**	9kg**	20kg**	25kg**	25kg**	25kg**	20kg**
Woche 3 60 % ILB	54kg**	11kg**	11kg**	24kg**	30kg**	30kg**	30kg**	24kg**
Woche 4 60 % ILB	54kg**	11kg**	11kg**	24kg**	30kg**	30kg**	30kg**	24kg**
Woche 5 70 % ILB	63kg**	13kg**	13kg**	28kg**	35kg**	35kg**	35kg**	28kg**
Woche 6 70 % ILB	63kg**	13kg**	13kg**	28kg**	35kg**	35kg**	35kg**	28kg**

*Während die Intensität Woche für Woche progressiv steigt, sinkt die Wiederholungszahl regressiv d.h. mit einer Wiederholungszahl von 20 wird gestartet.
**Gewicht berechnet durch den maximalen Wert beim X-RM Test. Sind die Gewichtsabstufungen nicht vorhanden muss auf oder abgerundet werden.
KA = Kraftausdauer
GK = Ganzkörpertraining
C = Circle/Kreistraining

4.2 Begründung der Übungsauswahl

Der Schwerpunkt der Übungsauswahl liegt auf Maschinenübungen, da hier die Verletzungsgefahr als Anfänger am geringsten ist. Dazu sind die Bewegungsabläufe an Geräten schnell und leichter zu erlernen, was zu weniger Fehlern führt. Der Schwerpunkt der Auswahl liegt auf einem Ganzkörpertraining, da der Kundenwunsch zum einen die Formung des gesamten Körpers ist. Mehrgelenkige Übungen dominieren in dieser

Auswahl, da durch diese die Beweglichkeit und intermuskuläre Koordination gestärkt werden (Hois, G., & Ziegner, A., 2006). Laut Fröhlich, M., Gießing, J., Schmidtbleicher, D. & Emrich, E. (2007, S.30) ist eine Nachermüdung im Krafttraining eine lohnende Alternative, daher die Mehrgelenksübungen vor Eingelenksübungen. Eingelenkige haben jedoch auch den Vorteil, das Muskelgruppen isoliert trainiert werden können, was später zur Körperformung beiträgt. Alle ausgewählten Übungen sind für die Leistungsstufe „Beginner" geeignet. Bei allen Übungen ist auf eine saubere Ausführung zu achten.

4.3 Begründung der einzelnen Übungen

4.3.1 Die Beinpresse

Die Beinpresse horizontal wurde als erste Übung ausgewählt, aufgrund der mehr beteiligten Gelenke wie auch dem großen Anteil an beanspruchter Muskulatur. Beanspruchte Muskulatur hier primär der Quadrizeps und großer Gesäßmuskel, sekundär der Kniebeuger. Vorteil dieser Übung für die Person die Ausschüttung von Testosteron am Anfang des Trainings wie natürlich auch der Aufbau von Muskelmasse an den Beinen.

4.3.2 Die Hüftabduktionsmaschine / Hüftadduktionsmaschine

Weiter geht es mit der Hüftabduktionsmaschine wie auch Hüftadduktionsmaschine. Hier werden beim der Abduktion primär der Oberschenkelbindenspanner und der große Gesäßmuskel beansprucht. Bei der Adduktion werden die Adduktoren beansprucht. Vorteil hier für die Person, das jeweils Abduktoren und Adduktoren isoliert trainiert werden, was zu einem höheren Muskelreiz führt, dadurch natürlich auch Muskelzuwachs. Das Trainieren der Ab- und Adduktoren unterstützt bei der Stabilisation des gesamten Beines.

4.3.3 Der Butterfly

Als nächstes kommt der Übung Butterfly. Beanspruchte Muskulatur hier der große Brustmuskel und vorderer Anteil des Deltamuskels. Vorteil hier vor allem für die Frau, das Straffen der Brust. Wo wir wieder zum Motiv der Körperformung kommen.

4.3.4 Der Latzug

Der Latzug kommt als nächstes ins Spiel. Hier werden der breite Rückenmuskel, Armbeuger, wie Bizeps und großer Rundmuskel beansprucht. Vorteil hier das ein großer

Teil des Rückens trainiert wird, so wird die Rückenmuskulatur gut ausgebildet und wirkt präventiv.

4.3.5 Der Rückenstecker

Der Rückenstrecker, bei der primär wie der Name der Übung schon sagt, der Rückenstrecker beansprucht wird. Vorteile dieser Übung für die Person ist die Herbeiführung einer guten Körperhaltung, welche als Student oft vernachlässigt wird.

4.3.6 Die Rumpfflexion / Rotationsmaschine

Bei den letzten beiden Übungen handelt es sich um die Rumpfflexion und Rumpfrotation, die Gegenübungen für den Rücken. Beansprucht werden hier bei der Flexion primär die gerade Bauchmuskulatur und bei der Rotation die innere und äußere schräge Bauchmuskulatur. Vorteil hier, die Abrundung der Rumpfkräftigung. Denn nur mit einem ausgebildeten Rumpf können die oberen und unteren Extremitäten ebenso gut ausgebildet werden.

5 Literaturrecherche

Tab. 8: Vergleich zweier Studien zum Thema „Effekte des Krafttrainings bei Diabetes mellitus Typ-2 (eigene Darstellung)

	Sigal, R. J., Kenny, G. P., Boulé, N. G., Wells, G. A., Prud'homme, D., Fortier, M., et al (2007)	Cauza, E. et al. (2005)
Wer hat die Studien durchgeführt?	Die Studie wurde durchgeführt von Sigal, R. J. et al.	Die Studie wurde durchgeführt von Bruunsgaard, H. et al.
In welchem Jahr wurden die Studien publiziert?	Die Studie wurde im Jahr 2007 publiziert.	Die Studie wurde im Jahr 2005 publiziert.
Mit welchen Versuchspersonen wurden die Studien durchgeführt?	251 Erwachsene im Alter von 39 bis 70 Jahren mit Typ-2-Diabetes.	22 Teilnehmer (11 Männer/11 Frauen) im Durchschnitt 56,2 Jahre alt. Diabetesdauer im Durchschnitt 8,8 Jahre -> 4-monatiges Krafttraining. 17 Teilnehmer (9 Männer/8 Frauen) im Durchschnitt 57,9 Jahre alt. Diabetesdauer 9,2 Jahre -> 4-monatiges Ausdauertraining (aerob)
Wie sah der Versuchsaufbau der Studien aus?	Die Effekte von aerobem Training alleine, Widerstandstraining allein und kombiniertes Trainingstraining auf Hämoglobin A1c-Werte bei Patienten mit Typ-2-Diabetes zu bestimmen. Es wurde ein Aerobic Training, Krafttraining oder beide Arten von Übun-	Vergleich 4-monatiges Krafttraining gegen Ausdauertraining (aerob) bei Patienten mit Diabetes Mellitus Typ 2. Krafttraining (bis zu 6 Sätze pro Muskelgruppe pro Woche) und Ausdauertraining (mit einer Intensität des maximalen Sauerstoffverbrauchs

	gen (kombiniertes Training) durchgeführt. Eine sitzende Kontrollgruppe wurde eingeschlossen. Ein Übungstraining wurde 3 Mal wöchentlich für 22 Wochen (Woche 5 bis 26 der Studie) durchgeführt.	von 60% und einem Volumen beginnend bei 15 min und fortschreitend bis zu einem Maximum von 30 min 3 × / Woche) für 4 Monate.
Welche relevanten Ergebnisse und Schlussfolgerungen lieferten die Studien?	Ergebnisse: Veränderungen des Hämoglobinwertes in der kombinierten Trainingsgruppe (kT) um 0,51 %; aerobe Trainingsgruppe (AT): 0,38 %; Widerstandstrainingsgruppe (WT): 0,46 % Veränderung der Blutdruck- und Lipidwerte nicht signifikant zwischen den Gruppen. Schlussfolgerung: Aerobes oder Widerstandstraining alleine verbessert die Blutzuckerkontrolle bei Typ-2-Diabetes, aber die Verbesserungen sind am größten bei kombiniertem Aerobic- und Widerstandstraining.	Ergebnisse: Hämoglobinwert nach Krafttraining (KT) gesunken, Blutzucker nach Krafttraining gesunken, Lipoprotein bei KT hohe Dichte, Lipo-Cholesterin bei KT niedrige Dichte. Nach dem Ausdauertraining konnten keine signifikanten Ergebnisse dargestellt werden. Schlussfolgerung: Verbesserung bei glykämischer Kontrolle nach KT. KT spielt eine wichtige Rolle bei der Behandlung von Diabetes Mellitus Typ 2.

6 Literaturverzeichnis

Cauza, E., Hanusch-Enserer, U., Strasser, B., Ludvik, B., Metz-Schimmerl, S., Pacini, G., et al. (2005). The relative benefits of endurance and strength training on the metabolic factors and muscle function of people with type 2 diabetes mellitus. *Archives of physical medicine and rehabilitation*, *86*(8), 1527-1533.

Fröhlich, M. (2014). Krafttraining. In *Funktionelles Training mit Hand und Kleingeräten* (pp. 3-12). Springer, Berlin, Heidelberg.

Fröhlich, M., Emrich, E., & Schmidtbleicher, D. (2010). Outcome effects of single-set versus multiple-set training—an advanced replication study. *Research in Sports Medicine*, *18*(3), 157-175.

Fröhlich, M., Gießing, J., Schmidtbleicher, D. & Emrich, E. (2007). *Intensitätstechnik Vor- und Nachermüdung im Muskelaufbautraining – ein explorativer Methodenvergleich.* Deutsche Zeitschrift für Sportmedizin, 58 (1), 25-30.

Hois, G., & Ziegner, A. (2006). Grundlagen des mehrgelenkigen Trainings in Theorie und Praxis. *Bewegungstherapie und Gesundheitssport*, *22*, 18-25.

Kraemer, W. J., & Fleck, S. J. (2007). *Optimizing strength training: designing nonlinear periodization workouts.* Human Kinetics.

Krieger, J. W. (2009). Single versus multiple sets of resistance exercise: a meta-regression. *The Journal of Strength & Conditioning Research*, *23*(6), 1890-1901.

Mancia, G., Fagard, R., Narkiewicz, K., Redán, J., Zanchetti, A., Böhm, et al. (2013). 2013 Practice guidelines for the management of arterial hypertension of the European Society of Hypertension (ESH) and the European Society of Cardiology (ESC): ESH/ESC Task Force for the Management of Arterial Hypertension. Zugriff am 23.06.2018. Verfügbar unter https://journals.lww.com/jhypertension/Fulltext/2013/10000/2013_Practice_guidelin es_for_the_management_of.2.aspx

Sigal, R. J., Kenny, G. P., Boulé, N. G., Wells, G. A., Prud'homme, D., Fortier, M., ... & Jennings, A. (2007). Effects of aerobic training, resistance training, or both on glycemic control in type 2 diabetes: a randomized trial. *Annals of internal medicine*, *147*(6), 357-369.

Strack, A. & Eifler, C. (2005). The individual lifting performance method (ILP). A practical method for fitness- and recreational strength training. In J. Gießing, M. Fröhlich & P. Preuss (eds.), *Current results of strength training research* (pp. 153-163). Göttingen: Cuvillier.

Tschakert, G., Müller, A., & Hofmann, P. (2017). Training der Hauptkomponenten der Leistungsfähigkeit–Trainingsmethoden und Trainingsberatung. In *Kompendium der Sportmedizin* (pp. 271-311). Springer, Vienna.

Wirth, K., Atzor, K. R., & Schmidtbleicher, D. (2007). Veränderungen der Muskelmasse in Abhängigkeit von Trainingshäufigkeit und Leistungsniveau. *Deutsche Zeitschrift für Sportmedizin, 58*(6), 178-183.

7   Tabellenverzeichnis

7.1 Tabellenverzeichnis

Tab. 1: Datensammlung zur Person (eigene Darstellung) 4

Tab. 2: Blutdruckklassifikation (modifiziert nach Manica et al. 2013) 4

Tab. 3: Mehrwiederholungskrafttest (eigene Darstellung) 6

Tab. 4: Zielsetzung (eigene Darstellung) 7

Tab. 5: Makrozyklus über 6 Monate (eigene Darstellung) 8

Tab. 6:   Grobraster zur Ableitung der Belastungsparameter nach der ILB-Methode (modifiziert nach Strack & Eifler, 2005, S. 153) 10

Tab. 7: Mesozyklus 1 über 6 Wochen (eigene Darstellung 12

Tab. 8: Vergleich zweier Studien zum Thema „Effekte des Krafttrainings bei Diabetes mellitus Typ-2 (eigene Darstellung) 14